AF612676

INVENTAIRE
V 31125

V

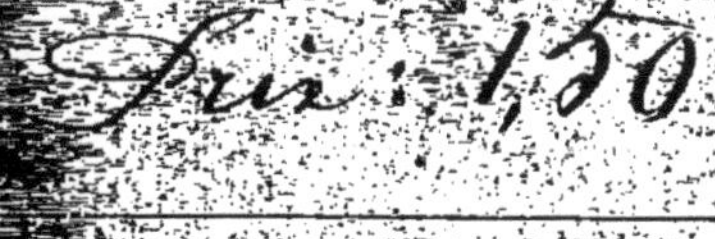

INVENTAIRE
V 31,125

AVENIR

DE

LA CAVALERIE EN CAMPAGNE

PARIS
LIBRAIRIE MILITAIRE
J. DUMAINE, LIBRAIRE-ÉDITEUR DE L'EMPEREUR
Rue et Passage Dauphine, 30

1869

V

AVENIR

DE LA

CAVALERIE EN CAMPAGNE

3115

Paris.— Imprimerie de Cosse et J. Dumaine, rue Christine, 2.

AVENIR

DE

LA CAVALERIE EN CAMPAGNE

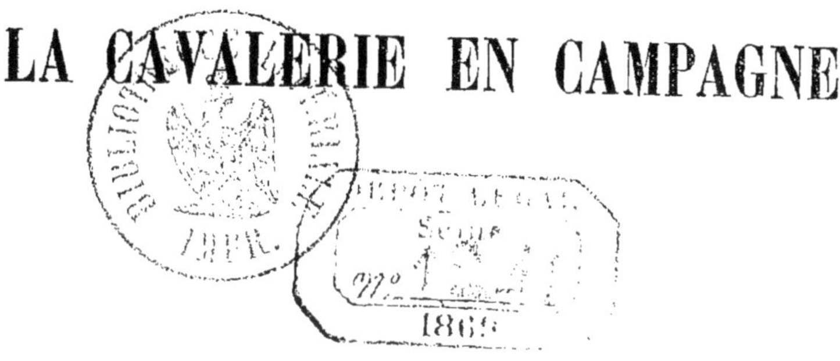

PARIS

LIBRAIRIE MILITAIRE

J. DUMAINE, LIBRAIRE-EDITEUR DE L'EMPEREUR

Rue et Passage Dauphine, 30

1869

AVENIR

DE

LA CAVALERIE EN CAMPAGNE

I.

Depuis quelque temps, les discussions irritantes au sujet de l'influence comparative de l'infanterie et de la cavalerie en campagne avaient disparu de la polémique de la presse. Chacune de ces armes cherchait en silence à se perfectionner de son mieux, pour justifier à un moment donné les espérances de l'Empereur.

Le fantassin assurait son tir en apprenant à se servir de sa nouvelle arme, et il le réglait de manière à pouvoir ajuster et à conserver son moral.

Le cavalier, de son côté, allégeait son harnachement, il devenait plus mobile et plus hardi dans tous les terrains ; par une nourriture plus abondante, une hygiène mieux entendue et un travail bien réglé, il donnait plus de vitesse et de fond à son cheval, et il pensait qu'il y aurait toujours pour lui de la gloire à acquérir, surtout dans les circonstances où la vitesse du tir pourrait être contrebalancée par la rapidité et la surprise dans l'attaque.

Le fantassin et le cavalier cherchaient à se rendre utiles l'un à l'autre, à se complémenter l'un l'autre, tout en conservant à chacune des deux armes ce qui fait leur force, le respect de la hiérarchie et la possibilité dans tous les grades de se rendre utile, et d'acquérir cette influence de commandement à laquelle doit prétendre tout homme de cœur, influence qu'il ne pourra jamais obtenir s'il n'a, *dans le danger*, la même place qu'il occupe *à la parade*.

Le fantassin et le cavalier étaient donc dans ces sentiments de bonne confraternité réciproque, attendant les événements, lorsque le *Moniteur de l'armée* a fait paraître quelques articles qui ont ravivé toutes les susceptibilités et ont jeté le découragement dans une arme qui est appelée à rendre les plus grands services, mais à la condition qu'on élèvera son moral au lieu de l'affaisser, par le mirage de perpétuels fantômes.

Un ancien officier de cavalerie n'a pas pu lire ces articles sans être ému, et il vient défendre une arme avec laquelle on a accompli de grandes choses, mais qui n'a été comprise que par les hommes de guerre à grandes vues, qui ont pu arriver au commandement supérieur, sans les préjugés d'armes qu'une pratique trop prolongée inculque forcément, et qui ont su s'élever au-dessus du terre-à-terre dans lequel restent presque toujours les praticiens du métier militaire proprement dit (1).

Beaucoup, je le sais, diront que la théorie sans la pratique n'est rien, que la cavalerie dans la pratique a été peu heureuse depuis les mémorables guerres du premier empire; qu'on a beau jeu en faisant blanc de son épée en disposant dans son cabinet de la vie des autres.

Ces allégations ont une certaine valeur, mais je pense qu'il existe encore dans la cavalerie française quelques jeunes cœurs ayant la passion de la gloire, et espérant qu'ils pourront l'acquérir dans l'arme qu'ils ont choisie pour faire leur carrière et se rendre utiles à leur pays.

Ceux-là pourront ne pas partager toutes mes idées, mais ils me sauront gré d'avoir apporté ma quote-part d'humble travail pour la réhabilitation d'une arme à laquelle ils feront sa véritable place par l'emploi énergique de leur jeunesse, de leur instruction et de leurs vertus guerrières.

Maintenant on peut dire que l'on a des chevaux et des cavaliers, mais que l'on n'a pas de cavalerie ; car depuis longtemps l'on n'a eu que des idées de découragement

---

(1) Le général Bonaparte pensait que l'artillerie légère et la cavalerie employées à propos pouvaient produire l'effet d'une masse d'infanterie dix fois plus forte (Thiers, *Révolution française*, p. 201, t. 8.)

pour cette arme : et tout a été mis en œuvre pour la rendre timide et la diminuer vis à vis d'elle-même.

On ne lui parle jamais que de la difficulté de la nourrir, de la loger, ce qui la rend une lourde charge pour une armée ; de la nécessité de la conserver dans l'intérêt du budget, des dangers qu'elle court en chargeant sur de l'inébranlable infanterie armée de fusils de précision et à tir rapide ; de la difficulté des terrains sur lesquels elle ne peut pas même galoper, etc.

En campagne, et même dans les camps de paix, on la morcelle, on la distrait de ses chefs naturels, qui voient ainsi leur position amoindrie, s'habituent à ne plus se considérer que comme un triste accessoire et finissent par jeter le manche après la cognée.

Au camp de Châlons de 18 , un illustre maréchal avait convoqué des officiers de cavalerie au tir à la cible qu'exécutait un bataillon exercé de longue main et très-bien commandé.

Sur 100 balles et à 400 mètres, 25 au moins portaient dans la cible. Devant des résultats aussi remarquables, le maréchal s'exclamait et demandait aux officiers de cavalerie qui étaient auprès de lui, ce qu'ils pourraient faire contre un tir aussi effrayant.

Ces officiers, qui étaient des lieutenants et des sous-lieutenants pour la plupart, lui répondirent avec cette simplicité qui est le signe de la force et de la résolution, *que jamais ils n'avaient pensé qu'on pût faire d'omelettes sans casser des œufs.*

Cet illustre maréchal avait fait casser bien des œufs dans sa vie et jamais il n'avait su épargner sa personne, mais sa raison ne fut pas convertie ; c'est que malheureusement, pour la plupart des hommes, il est une raison qui est bien supérieure à toutes les autres, c'est l'habitude.

Au camp de Châlons de 18 , un autre illustre maréchal disait à un officier de cavalerie, qui assistait avec lui à des expériences de tir de fusées, avec lesquelles on obtenait des résultats foudroyants. Comment pourriez-vous résister à de pareils engins de destruction? — L'officier lui répondit, avec beaucoup de justesse, qu'il profiterait de la mobilité de son arme pour conserver sa troupe jusqu'au moment où elle serait obligée de donner ; et cependant ce maréchal avait vérifié par lui-même, dans maintes circonstances, que les obstacles matériels sont souvent bien peu de chose quand on a l'audace de les franchir et qu'ils ne sont rien sous quelques formes qu'ils se présentent, perfectionnement des armes ou autres, quand ils ne sont pas soutenus par la principale des forces, une grande valeur morale.

Que des officiers d'infanterie cherchent par tous les moyens possibles à donner à leur troupe une confiance illimitée, cela se comprend, et il devrait en être de même des officiers de cavalerie ; mais ce qu'on ne peut admettre c'est que des commandants d'armée ou de corps d'armée, qui sont appelés à se servir des trois armes, puissent dans leur appréciation, détruire officiellement le moral de l'une aux dépens du moral de l'autre.

Le maréchal Bugeaud lui-même n'avait pas échappé à cette loi, et jamais il n'eut qu'une confiance très-limitée dans la cavalerie, parce qu'il n'avait pas pratiqué cette arme et parce que ses aptitudes physiques ne lui permettaient pas de la conduire lui-même au combat.

Il en résulte que depuis quelque temps la cavalerie est sous le coup perpétuel d'une nouvelle organisation, c'est-à-dire d'une désorganisation, ce qui lui ôte toute espèce de confiance dans l'avenir, au point de vue de ses intérêts, et puis toute confiance en elle-même au point de vue des services qu'elle peut rendre.

Ce n'est pas cependant du jour au lendemain que l'on peut monter au niveau qu'il doit avoir, le moral de la cavalerie? ce n'est pas après lui avoir dit constamment pendant la paix qu'elle ne peut rien contre les nouveaux engins de destruction, qu'on pourra exiger d'elle de grands efforts en campagne.

La cavalerie du premier empire, qui nous a laissé une si belle légende de gloire et d'honneur, était loin d'être à son début ce qu'elle a été depuis, elle savait éclairer, elle savait faire des démonstrations, mais il lui répugnait de charger à fond.

L'histoire rapporte (Thiers, *Révolution française*, t. 8,

p. 199) que le général Bonaparte, à sa première campagne d'Italie, était arrivé presque à la hauteur du Mincio, sans pouvoir faire battre sa cavalerie ; les prouesses de l'infanterie à Montenotte, à Millésimo, à Lodi, etc., n'avaient pu l'électriser.

Le général Bonaparte, lassé de traîner à sa remorque et de nourrir une troupe qui ne lui rendait pas de plus grands services, réunit toute sa cavalerie dans une seule colonne qu'il encadra entre deux colonnes d'infanterie et toute son artillerie, lui donnant le choix, ou de charger sur les Autrichiens ou d'être mitraillée en queue par son artillerie. La cavalerie, entraînée par Murat, chargea à fond, culbuta les Autrichiens et à partir de ce moment elle vit ce que c'était, elle prit confiance en elle-même, et elle devint l'un des plus grands éléments de succès dans les mémorables batailles que le général Bonaparte eut à livrer ultérieurement comme général, comme premier consul et comme empereur.

Sans aller bien loin, l'on pourrait aussi trouver des campagnes où la cavalerie d'abord conspuée à cause de la poussière qu'elle fait, de la nourriture qu'elle exige, et surtout à cause du peu de services que l'on attendait d'elle, disséminée par petits *paquets*, a su prendre confiance en elle-même et a pu, malgré toutes les conditions défavorables, se faire une réputation méritée et incontestée, surtout par l'ennemi qu'elle avait à combattre.

Parmi les hommes de guerre de ces derniers temps, qui sont morts ou qui n'appartiennent plus à l'armée, on ne pourrait peut-être en citer que deux qui aient compris tout ce qu'on pouvait tirer de la cavalerie et qui s'en soient servis : ce sont le général Changarnier et le maréchal de Saint-Arnaud.

Je me rappelle encore les conversations dans lesquelles le général Changarnier se plaisait à s'épancher avec ses officiers à l'époque de ses campagnes d'Afrique, il était peintre et poëte militaire, avec cette jeunesse physique et cette fraîcheur de pensées qui faisaient notre étonnement et qu'il a trouvé le secret de conserver malgré les années. Que de fois lui ai-je entendu dire : Il faut soigner son chef de cavalerie, il faut lui témoigner la plus grande confiance, parce que c'est lui qui nous permet de prendre du repos, qui nous fournit souvent notre nourriture et qui donne de la portée à notre bras avec la vitesse de ses chevaux et la pointe de ses sabres ; sans lui toutes nos fatigues, nos privations et notre mort deviennent stériles.

Le maréchal de Saint-Arnaud, avant la campagne de Crimée de si glorieuse mémoire, avait surtout exercé ses grandes facultés de commandement comme colonel, dans la subdivision d'Orléansville et il avait une confiance extrême dans son chef de cavalerie, aussi les échos de la subdivision d'Orléansville répètent-ils encore tous les services que lui a rendus ce chef avec un simple escadron de spahis.

A l'exemple des gendarmes maures du regretté d'Allonville, cet escadron avait su conquérir par ses hauts faits, une notoriété exceptionnelle qui faisait notre envie et notre admiration.

A la bataille de l'Alma, le maréchal de Saint-Arnaud regrettait sa cavalerie dont il avait su toujours si bien se servir, et il appelait à grands cris ses braves chasseurs d'Afrique :

« Braves chasseurs d'Afrique, vous qui avez su ac-
« quérir de la gloire partout où la France a porté ses
« armes, qui aussi terribles dans l'action qu'humains
« après le combat, avez conquis au Mexique le surnom de
« *Carnicèros azules* (1) avec vos vaillants coups de sabre,
« considérez comme votre plus beau titre de gloire les
« regrets de ce grand homme de guerre, au cœur incom-
« parable, qui, miné par la maladie, abandonna tout,
« honneurs, richesses, bonheur intérieur, pour aller loin
« de son pays mourir au milieu de ses soldats, après les
« avoir conduits à la victoire. »

---

(1) Bouchers bleus.

II.

C'est l'invention des armes à feu qui a diminué l'importance de la cavalerie. Peut-être le perfectionnement de ces mêmes armes fera-t-il reparaître son influence avec un nouvel éclat.

En effet, nous voyons dès le règne de Louis XIV que toutes les actions de guerre décisives ont lieu à la baïonnette.

Plus tard, le grand Fréderic et le maréchal de Saxe, malgré tous les perfectionnements apportés dans les armes à feu, prescrivent les attaques à la baïonnette, l'indiquant comme l'*ultima ratio*.

Dans les campagnes immortelles de la République et de l'Empire, les feux de l'infanterie et surtout de l'artillerie commencent à rendre ces attaques plus difficiles, à cause de la rapidité du tir qui écrase les têtes de colonne; mais cependant on en voit encore réussir dans les moments suprêmes où le courage des troupes est élevé à son maximum d'intensité, et alors rien ne peut leur résister.

Dans les dernières campagnes le tir est perfectionné, surtout au point de vue de la justesse, et les attaques à la baïonnette sont de plus en plus difficiles; enfin, dans la campagne d'Allemagne de 1866, les feux de l'infanterie prussienne ont une telle rapidité, que les attaques à la baïonnette deviennent tout à fait impossibles. Nous voyons en effet que les retours offensifs des Autrichiens n'ont réussi qu'au combat de Tronteneau, pour reprendre les positions enlevées par les Prussiens.

A Tronteneau, les Prussiens étaient épuisés par huit heures de combat et de marche et, au moment où ils commençaient à prendre un peu de repos, ils furent surpris par une attaque de troupes autrichiennes toutes fraîches, et ils furent obligés de se retirer ; mais dans toutes les autres circonstances les têtes de colonne autrichiennes, quoique très-bravement enlevées, vinrent se briser devant la rapidité d'un tir exécuté à petite distance et qui vomissait, comme des volées de mitraille, des projectiles qui avaient beaucoup plus de justesse que ceux du canon.

Cette influence décisive de la rapidité du tir à petite distance s'est surtout fait remarquer dans les combats qu'a livrés le général Steinmetz pour déboucher des défilés de Nachod et dans la défense de la position de Kulm, par la première division de la garde royale qui résista à deux attaques réitérées de deux corps d'armée autrichiens et amena la déroute de Sadowa. Malgré la vaillance de leurs soldats, les généraux autrichiens ne purent pas même aborder la première division de la garde, après qu'elle eût occupé le plateau de Kulm, qui était la clef du champ de bataille de Sadowa.

Tous ces faits peuvent se traduire de la manière suivante : Quand la vitesse du tir est de un coup par minute, la vitesse de l'infanterie est très-suffisante pour aborder l'ennemi. Quand le tir est de deux à trois coups par minute, la vitesse de l'infanterie commence à être un peu insuffisante, et quand ce tir arrive à six ou huit coups par minute la vitesse de l'infanterie ne suffit plus pour enlever des positions convenablement défendues.

Il faut donc pour aborder une position, remplacer l'infanterie par une arme qui possède une vitesse beaucoup plus grande, c'est-à-dire par de la cavalerie.

On ne cesse de répéter que la cavalerie ne peut attaquer que de l'infanterie désorganisée ; mais à quoi reconnaîtra-t-on que le degré de désorganisation est suffisant pour rendre l'emploi de la cavalerie efficace ? Veut-on dire par là, que la cavalerie ne doit charger que des fuyards ? Ce serait là un rôle peu brillant et tout à fait négatif que l'on ferait jouer à la cavalerie, car l'histoire présente excessivement peu de circonstances dans lesquelles une armée soit arrivée à un état pareil de démoralisation. A Sadowa même, les Autrichiens se sont retirés faisant face à l'ennemi ; il est vrai, disent plusieurs narrateurs, que la cavalerie de réserve prussienne n'a pas trouvé que l'ennemi fût assez désorganisé et n'a pas cru devoir le charger !

Nous voyons au contraire dans la plupart des batailles du premier empire, la cavalerie prendre part aux péripéties du combat, et quelquefois jouer un rôle décisif.

A Fuente de Onoro et à Waterloo, entr'autres ce n'était pas de l'infanterie désorganisée que la cavalerie attaquait, étant conduite par Montbrun et par Ney, c'étaient des carrés complétement intacts et elle les culbutait malgré leur feu, malgré la solidité bien connue des troupes anglaises, qui s'étaient fait une réputation exceptionnelle par un sang-froid imperturbable et par leur précision dans le tir.

Ces prouesses de la cavalerie à Fuenté de Onoro et à Waterloo n'amenèrent pas, il est vrai, le gain de la bataille, mais il en eût été tout autrement si elle avait été soutenue à temps.

Plusieurs historiens ont déploré la manière dont la cavalerie fut engagée à Waterloo, et ils pensent qu'elle aurait pu empêcher la déroute si elle eût été conservée, comme dernière réserve, pour couvrir la retraite de l'armée française. Je crois aussi, qu'en général, la cavalerie ne doit pas être engagée aussi à fond quand elle ne peut pas être soutenue ; mais, après les émotions du champ de bataille de Waterloo, une armée, dont les éléments étaient aussi peu cousus ensemble que ceux de l'armée française, ne pouvait pas faire une retraite ordinaire, et la cavalerie quoique tenue en réserve, aurait bientôt pris part à la panique générale ; tandis que ses efforts unis à ceux de la garde, purent faire dire à Napoléon Ier *que tout était perdu fors l'honneur*.

Sans ces héroïques efforts, le nom de Waterloo ne nous rappellerait qu'un désastre, tandis qu'il perpétuera jusqu'aux âges les plus reculés le souvenir d'un sublime malheur.

« Brillants cuirassiers, croyez-en un vieux camarade « qui a toujours eu confiance dans son arme; vos beaux « jours ne sont pas encore passés et, plus les armes à « feu acquerront de rapidité et de justesse, plus vous « reparaîtrez avec éclat. Vous aurez de plus en plus « l'occasion d'acquérir cette réputation de soldats d'élite « que Napoléon Ier avait faite à vos ancêtres; vous ou- « vrirez encore l'antre des tempêtes à vos vaillants cama- « rades de la cavalerie de ligne et de la cavalerie légère « et les cuirassiers d'Austerlitz, d'Eylau, de la Moskowa, « de Waterloo, ainsi que les lanciers de Somo-Sierra se « lèveront encore pour applaudir à vos succès. »

Si la force de l'infanterie s'est accrue par son nouvel armement, celle de la cavalerie s'est aussi beaucoup augmentée par l'amélioration de ses chevaux qui sont devenus infiniment plus vites par suite de plusieurs causes :

Premièrement l'amélioration de l'espèce au point de vue de la vitesse; deuxièmement l'augmentation de la ration d'avoine; troisièmement la grande diminution de poids que le cheval est obligé de porter; quatrièmement les progrès en équitation militaire.

L'ordonnance sur les manœuvres de 1829 prescrit de

charger pendant un parcours de 80 mètres ; aujourd'hui un cheval, convenablement entraîné par le travail ordinaire qui se fait dans les régiments, peut facilement parcourir 200 mètres au galop de charge.

Nos chevaux actuels sont loin d'être aussi rustiques que ceux qui existaient autrefois et si l'on eût fait avec eux la campagne de Russie, pas un seul, peut-être, n'en serait revenu ; mais les guerres modernes étant beaucoup moins longues ne comportent plus les mêmes natures d'exigences, et chez nos chevaux la rusticité a été remplacée par la vitesse. C'est cette perspective de campagne beaucoup plus courte qui a permis de supprimer dans le harnachement et l'équipement du cavalier plusieurs accessoires qui étaient nécessaires à l'époque des guerres du premier empire (tels que la schabraque en peau de mouton, le pantalon complétement basané en cuir, etc., dont le poids peut être évalué à 18 kilos environ.

Les facilités d'approvisionnement, que donnent les chemins de fer, diminueront aussi considérablement le poids des vivres que le cheval était obligé de porter, pour lui et pour son cavalier.

Cette grande diminution dans la charge du cheval, jointe à une nourriture plus assurée, permettra de lui demander des efforts plus considérables et plus répétés.

Depuis quelques années, les remontes de cavalerie se sont beaucoup améliorées ; l'on demande aux chevaux une conformation qui leur permette de porter du poids et un certain degré de sang qui leur assure du fond et de la vitesse.

Les reproducteurs de chevaux d'armes sont choisis en conséquence, et nos espèces de chevaux de cavalerie ne feront que s'améliorer et se confirmer tant que l'État persistera dans l'habitude de n'acheter, comme reproducteurs de pur sang, que ceux ayant une bonne conformation et ayant donné, dans les luttes auxquelles ils sont soumis, les preuves d'un bon caractère et d'un grand cœur.

Le cheval de guerre doit être l'ami de son cavalier, il doit être conformé de manière à pouvoir porter un certain poids, car la taille du cavalier est nécessairement en rapport avec celle de son cheval; il doit aussi avoir un grand cœur afin de répondre, dans toute la limite de ses forces, aux efforts que lui demandera son cavalier.

Ces conditions ne se rencontrent pas toujours dans les grands vainqueurs des courses; quelques-uns par leur conformation ne peuvent courir qu'avec un poids très-léger, d'autres ne veulent se livrer qu'à leur moment, d'autres enfin, déploient une très-grande vitesse tant qu'ils ne sont pas obligés de lutter et s'arrêtent au moment où leur cavalier, par une action énergique, leur demande un suprême effort. Ces chevaux, quelle que soit leur vitesse, ne sauraient former souche de bons chevaux de cavalerie.

III.

Deux armées ne peuvent pas rester éternellement à se fusiller dans les mêmes positions, c'est le choc de la cavalerie qui pourra décider de la victoire, mais il faut qu'elle soit préparée à ce moment suprême au physique et surtout au moral et l'on peut dire avec justesse, que dans l'état actuel de la science militaire, les champs de bataille appartiendront au peuple qui aura su maintenir sa cavalerie à une certaine hauteur et qui *voudra s'en servir*.

On la préparera au physique en lui donnant de bons chevaux, bien nourris, bien harnachés et pas trop chargés ; en la composant avec des officiers et des soldats hardis cavaliers, habiles manœuvriers et sachant bien se servir de leurs armes.

On la préparera au moral en lui faisant comprendre que le feu de ligne à grande distance ne signifie rien, qu'il n'est réellement dangereux qu'à petite portée, à 200 mètres environ, et que pendant les quelques secondes qu'elle mettra à parcourir ces 200 mètres au galop de charge, elle doit l'affronter sans timidité ni hésitation, et que coûte que coûte elle doit arriver.

Au lieu de la rendre hésitante et timide par le peu de confiance qu'on lui témoigne, on réveillera chez elle les sentiments de gloire et de sacrifice ; au lieu de lui parler de la nécessité de se conserver quand le danger est venu, on la convaincra de la nécessité d'enfoncer tous les obstacles quand elle aura reçu l'ordre de charger.

Officiers et soldats doivent être bien convaincus que quand ils ne seront pas arrivés à ce résultat, ils n'auront pas fait leur devoir et ils auront manqué à l'honneur.

Le jour où cet échange de sentiments existera entre un général en chef et sa cavalerie, il n'y aura rien qu'il ne puisse obtenir d'elle. A toutes les époques, la cavalerie a su payer par un dévouement et une résignation absolue les quelques égards que l'on a eus pour elle, la confiance qu'on lui a témoignée, et alors elle n'a connu aucun danger parce que, avec la vitesse de ses chevaux, il n'y a que les obstacles infranchissables qui puissent l'arrêter quand elle veut sérieusement arriver.

Une cavalerie résolue ne craindra jamais qu'une seule chose, ce sera d'être surprise par de la cavalerie ennemie : elle ne saurait, dans les marches comme dans les combats, prendre trop de précautions pour s'en garantir.

Toute cavalerie, qu'elle soit légère ou de ligne, ou de réserve, peut aborder de l'infanterie quand elle le voudra bien ; mais on ne saurait se dissimuler que la tâche sera rude et ardue pour de la cavalerie légère, tandis qu'elle ne sera qu'un jeu pour la cavalerie de réserve dont la cuirasse est à l'épreuve de la balle à 40 mètres (1).

Au camp de Châlons, l'on a pu remarquer l'influence morale énorme qu'exerce une charge de cuirassiers sur de l'infanterie.

L'on a vu des bataillons que l'on ne pouvait empêcher de tirer quand la charge arrivait à une centaine de mètres d'eux.

Ces mêmes bataillons attendaient cependant la cavalerie de ligne et la cavalerie légère à bout portant.

Quelques théoriciens ayant proposé de supprimer la cuirasse pour alléger la charge du cheval, des expériences comparatives ont été faites avec beaucoup de soin dans plusieurs régiments de cuirassiers à ce sujet, et l'on a constaté que même à la cinquième charge, en parcourant 1000 mètres au galop et au trot avant de charger, le poids de la cuirasse n'avait pas d'influence appréciable sur la vitesse de la charge.

Aussi serait-il utile d'attacher à chaque division de cavalerie légère ou de ligne un régiment de cuirassiers.

Ce dernier régiment ouvrirait les portes par lesquelles passerait ensuite le torrent de la cavalerie légère.

---

(1) Des expériences faites par l'artillerie ont prouvé que la cuirasse actuelle était traversée quelquefois par les projectiles du fusil Chassepot à 40 mètres, mais qu'à cette distance elle était complétement à l'épreuve du fusil prussien, Remington, etc.

C'est de cette manière que Seidlitz employa toujours la cavalerie et particulièrement à Zondorf, où il gagna avec sa cavalerie une bataille perdue par l'infanterie du grand Frédéric.

Murat a encore employé de cette manière la cavalerie à Eylau, où le sort de la bataille avait été entièrement compromis par la dispersion du corps d'Augereau et d'une partie de la division Saint-Hilaire.

Dans les combats et dans les bivouacs, la cavalerie légère rendrait service pour service à la grosse cavalerie en l'éclairant, en protégeant ses flancs et en lui procurant des vivres.

La cavalerie légère devra être employée contre l'infanterie lorsqu'elle pourra la surprendre en marche, mais pour attaquer de l'infanterie solidement établie dans une bonne position, il faudra employer de la grosse cavalerie le plus qu'on pourra.

Dans un engagement de cavalerie contre cavalerie ce mélange pourrait être aussi très-utile.

Je suppose une division de cavalerie mixte, s'avançant à l'ennemi dans l'ordre en échelons, par régiments, en dissimulant un régiment de cuirassiers derrière son premier échelon ; ce régiment démasqué au moment d'aborder l'ennemi produirait un effet moral immense qui devrait décider de la victoire.

Une division de cavalerie mixte ainsi organisée pourrait se mesurer avec toute espèce de cavalerie ; car le succès de son premier échelon lui donnerait un ascendant moral qui se traduirait infailliblement sur toute la ligne.

Jadis, pour faire charger la cavalerie il suffisait de la faire arriver à six ou huit cents mètres de l'ennemi ; là elle prenait, le plus promptement possible, ses dispositions de combat et puis elle attaquait.

Aujourd'hui, que la portée et la justesse du fusil de l'infanterie ont beaucoup augmenté, l'on perdrait trop de monde en opérant ainsi ; la cavalerie devra arriver toute formée sur le point de départ de la charge et l'on se servira de tous les obstacles matériels et artificiels que l'on aura à sa disposition pour l'amener la plus intacte possible sur ce point, qui ne devra pas être éloigné de plus de 600 mètres de la ligne ennemie.

Dans les pays accidentés, on pourra se servir à cet effet des mouvements de terrain et, à l'abri de leur protection, l'on pourra souvent se rapprocher de plus de 600 mètres de l'ennemi avant de commencer la charge ; de simples ondulations de terrain, comme celles du camp de Châlons suffiront amplement pour cela.

Dans les pays de plaines, tout à fait plats, dans lesquels il n'y aura pas le moindre pli de terrain, l'on se servira comme obstacles artificiels du feu de l'infanterie et de celui de l'artillerie, la fumée intense produite par le tir rapide suffira complètement pour dissimuler l'arrivée d'un corps de cavalerie, et voici comment l'on devra procéder.

Au moment où l'on voudra prononcer une attaque, la ligne d'infanterie sera portée à 600 mètres de la ligne ennemie et ouvrira son feu ; quand il aura produit une certaine quantité de fumée, la cavalerie se rapprochera de l'infanterie, passera à travers ses intervalles et chargera *sans s'occuper de la désorganisation plus ou moins grande de l'ennemi*. Ce passage de ligne, comme toutes les manœuvres de ce genre, sera une opération délicate ; mais elle sera rendue facile par l'intelligence et l'aplomb de l'infanterie française, surtout si l'on fait usage des feux à commandement, avec lesquels le chef est beaucoup plus maître de sa troupe.

Au moment où l'infanterie serait traversée par la cavalerie, elle cesserait son feu et se porterait en avant pour faire une diversion qui empêcherait l'ennemi de concentrer son feu sur l'attaque de la cavalerie , et pour occuper le terrain que la cavalerie aurait déblayé devant elle.

L'on préparerait ainsi des attaques ultérieures qui s'exécuteraient de la même manière, à moins que la cavalerie n'eût acquis, tout d'abord, un ascendant moral tel, qu'elle pût à elle seule continuer les attaques, en étant toujours soutenue en arrière par l'infanterie. La cavalerie servirait ainsi de *coin* à l'infanterie pour enlever les positions et ce sera, à l'avenir, son rôle le plus habituel, le plus important et le plus glorieux.

Il n'eût peut-être pas été possible d'aborder ainsi les positions de Solférino et de Cavriana ; outre que ces positions étaient soutenues par des villages, leur pente était trop rapide pour permettre à la cavalerie de donner à son galop une vitesse suffisante ; mais des positions aussi difficiles ne se trouvent pas sur tous les champs de bataille, et, quand elles s'y trouveront, le grand art, je crois, sera de les tourner et de les faire tomber en manœuvrant ; c'est là la grande modification que l'emploi des armes à tir rapide devra apporter dans la tactique moderne.

Autrefois, le grand talent du commandant en chef était de deviner la position clef du champ de bataille ennemi et d'arriver à l'enlever, après en avoir préparé l'attaque ; aujourd'hui, il faudra manœuvrer et prononcer ses attaques de manière à tourner cette position, afin de la faire abandonner par l'ennemi sans qu'on soit obligé de l'aborder de vive-force.

On a souvent dit qu'il fallait un grand coup d'œil à un chef de cavalerie et c'est en effet une qualité très-importante, mais il lui faut en plus une grande décision et un grand caractère, il ne doit pas s'en laisser imposer par la perte de quelques hommes dans le courant d'une charge et précipiter l'allure pour éviter ces pertes.

Dans presque toutes les charges qui n'ont pas réussi,

la cause principale de l'échec a été la trop grande accélération de l'allure ; les chevaux étaient époumonés avant d'arriver sur l'ennemi, et alors les cavaliers sentant leurs chevaux faiblir n'osaient plus tenter le dernier effort et faisaient demi-tour.

Autant on doit répéter au fantassin de réserver son feu, autant l'on doit dire au cavalier de ne prendre le galop de charge qu'à petite distance de l'ennemi, 200 mètres au plus ; c'est le moyen le plus sûr de réussir et de faire le moins de pertes, car ce n'est pas en se portant en avant que les pertes sont considérables mais bien après une charge manquée, quand on fait demi-tour.

IV.

Après les guerres du premier Empire, toutes les primes d'encouragement étaient données à la conservation du cheval, et l'on proscrivait rigoureusement tous les exercices qui pouvaient faire transpirer les chevaux ou leur occasionner quelques tares. Malgré cela, l'on faisait encore de nombreuses pertes de chevaux, parce que l'on était dans une fausse voie au point de vue de l'hygiène. Ces pertes rendaient encore plus timoré et c'était à peine si l'on osait faire un temps de galop dans tout le courant d'une manœuvre.

Les préoccupations budgétaires avaient même influencé les hommes de guerre qui avaient pris part à la rédaction de l'ordonnance ce 1829, sur les manœuvres de la cavalerie.

Aujourd'hui, il faut le reconnaître, la cavalerie a progressé dans ses pratiques, l'on monte avec goût et régulièrement à cheval, l'on franchit les obstacles et l'on est assez convenablement habitué aux allures à fond de train.

Cependant dans beaucoup de régiments, le travail de la charge n'est pas suffisamment bien exécuté; d'après les prescriptions de l'ordonnance, au commandement *chargez* on se contente d'allonger un peu le galop et c'est une très-mauvaise habitude que l'on donne ainsi aux hommes et aux chevaux.

Le commandement *chargez* doit être une espèce de tocsin qui excite jusqu'au paroxisme le cavalier et le cheval, il doit être pour eux le signal d'un moment suprême pendant lequel ils sont obligés de donner tout ce qu'ils ont de force et d'énergie.

De nombreuses charges individuelles exécutées à fond de train pendant un parcours de 200 mètres et l'éperon au flanc, développeront les poumons du cheval et la hardiesse du cavalier ; ils seront ainsi soumis l'un et l'autre à une espèce d'entraînement sans lequel ils ne pourraient ni l'un ni l'autre charger convenablement le jour du combat.

Il suffira de faire très-peu de charges par régiment et même par escadron, mais dans ces charges on devra aussi exiger qu'après le commandement *chargez*, chacun donne à son cheval toute la vitesse dont il est susceptible.

L'alignement sera, il est vrai, désuni par ces prescriptions, sur la fin de la charge ; au lieu d'arriver sur deux de profondeur, l'on sera sur 4 ou 5 de profondeur, mais c'est le seul moyen d'arriver sur de l'infanterie un peu solide et de l'enfoncer.

En effet, le choc n'est pas égal à la masse multipliée par la vitesse, comme cela est dit dans plusieurs ouvrages d'art militaire, mais bien égal à la masse multipliée par le carré de la vitesse.

C'est ce qui fait qu'un cavalier au galop de chasse ne pourrait pas culbuter un fantassin, tandis qu'il n'y a pas d'hercule qui puisse arrêter la charge à fond de train d'un cheval de cavalerie légère et à plus forte raison celle d'un cheval de grosse cavalerie.

Ainsi, un escadron de cavalerie arrivant bien aligné et au petit galop devant de l'infanterie ne tirant pas, ne pourrait lui faire aucun mal. Que serait-ce si l'infanterie tirait? Les chevaux étant dans la main et dans les jambes, et les cavaliers étant de sang-froid, ils tourneraient tête sur cul bien longtemps avant d'arriver sur les baïonnettes; tandis qu'en donnant aux chevaux toute leur vitesse, le danger durera beaucoup moins de temps; hommes et chevaux auront l'imagination beaucoup plus montée; les cavaliers qui auront les meilleurs chevaux et surtout le cœur le plus solide arriveront bride abattue en première ligne, et, se sentant soutenus, feront de petites brèches dans lesquelles se couleront ensuite les cavaliers au cœur plus prudent et à la main plus dure.

Contre de l'infanterie on devra charger avec le front d'un escadron ou de deux escadrons au plus, parce que sur un front plus étendu, le commandement de celui qui dirige la charge n'a plus assez d'action, et parce que le désordre inhérent à la charge à toute bride ferait par trop disparaître l'influence de la masse (1).

Il sera souvent très-bon de faire précéder une charge *par une charge en fourrageurs d'un peloton*. Cette charge en fourrageurs aurait le grand avantage de provoquer le feu de l'infanterie, de reconnaître si l'infanterie est couverte par des obstacles infranchissables et d'indiquer les points par lesquels ces obstacles pourraient être tournés.

Ces obstacles naturels ou artificiels donnent une très-grande force à l'infanterie, mais si l'on peut arriver à les tourner, l'on est à peu près sûr de trouver une infanterie complétement démoralisée, surtout si les obstacles sont artificiels.

Dans une charge contre la cavalerie, l'on devra employer la formation en échelons, chaque échelon ayant au plus le front d'un régiment.

Le commandement *chargez*, ne devra être fait, dans chaque échelon, qu'au moment d'aborder l'ennemi, afin de conserver de l'ordre et de l'alignement le plus longtemps possible.

Cette formation en échelons permettra au comman-

---

(1) L'on devra attaquer sur plusieurs points, et chaque attaque sera suivie à distance par des escadrons en colonne par pelotons qui auront pour but de protéger les flancs de l'attaque et de compléter le succès obtenu.

dant de cavalerie intelligent et résolu une foule de combinaisons pour parer à toutes les éventualités du combat. On devra bien recommander aux divers échelons de ne pas s'abandonner à une poursuite intempestive, mais de suivre les péripéties du combat et de faire de leur mieux dans l'intérêt de l'ensemble de la charge. On devra se rallier en marchant en avant, et, si parfois des cavaliers ou des portions de troupe constituée venaient à être isolés, pour un motif quelconque, de l'ensemble de la troupe, ils devront être convaincus que le poste de l'honneur et du devoir est toujours là où est le danger et où il y a des camarades à secourir.

Des auteurs militaires ne veulent demander à la cavalerie que de savoir éclairer et de produire des effets moraux c'est-à-dire de paraître subitement à la fin d'une bataille comme un épouvantail, pour changer une défaite en déroute.

La cavalerie, avant de pouvoir espérer produire des effets moraux, analogues à ceux qui amènent les grandes déroutes, doit d'abord s'affirmer et être sûre elle-même de son moral.

Elle n'aura obtenu ce résultat que lorsqu'elle aura pratiqué l'habitude de renverser les lignes ennemies (*infanterie ou cavalerie*) avec le poitrail de ses chevaux. Tant qu'elle n'aura pas acquis une confiance *justifiée* en elle-même, elle sera arrêtée par les plus petits groupes d'infanterie qui feront mine de se défendre.

Quant aux services que la cavalerie peut rendre pour éclairer une armée, *ils sont grands,* mais il ne faut pas se les exagérer, et cela pour plusieurs raisons.

1° Les renseignements que donne une reconnaissance ne sont bons qu'autant qu'ils sont interprétés par le chef d'armée qui les reçoit, et qui seul peut les rattacher à un ensemble de renseignements au milieu desquels l'intuition du génie doit et peut seule lire à livre ouvert. Aussi peut-on dire que si les armées sont mal éclairées, c'est autant la faute des chefs d'armée que celle des agents secondaires qui agissent de leur mieux d'après les instructions qui leur sont données.

2° Les véritables reconnaissances ne se font pas avec des troupes nombreuses de cavalerie ; bien au contraire elles doivent être exécutées par des officiers intelligents, peu accompagnés, qui puissent voir sans être vus.

Ces officiers eux-mêmes, quelle que soit leur aptitude théorique et pratique, seront toujours au-dessous des simples cavaliers cosaques ou arabes, parce que les habitudes des peuples à demi sauvages, leur permettent de s'orienter partout où ils se trouvent et de ne jamais se perdre, ce qui les rend plus hardis. C'est en cela que les Cosaques faisaient l'admiration du général Morand et des militaires de la même époque ; mais ce serait, je crois, se faire illusion que d'espérer pouvoir donner les mêmes facultés aux habitants des pays civilisés, qui sont traversés par des routes kilométrées et pourvues de poteaux indicateurs.

Jamais l'armée française, dans les campagnes de la République et de l'Empire, n'a été aussi bien éclairée qu'au commencement de la campagne de 1806, et cependant on était bien loin de connaître la situation véritable de l'armée prussienne au moment où se livraient les batailles d'Iéna et d'Auerstedt.

3° Avec les masses organisées qui sont en jeu depuis 80 ans et surtout maintenant, les pratiques de petite guerre qui avaient lieu autrefois avec des armées de 10 à 15,000 hommes ont bien moins d'importance.

L'ancienne guerre de chicane s'est changée. L'ensemble des petits combats et des siéges qui avaient lieu autrefois a fait place aux grandes hécatombes humaines, dans lesquelles vainqueurs et vaincus apportent leurs contingents de glorieuses victimes.

C'est pour ces grands drames que la cavalerie, comme les autres armes, doit être préparée, mais il ne faut lui demander que ce qu'elle peut faire.

Pendant le jour on est en droit d'exiger d'elle toutes les ruses, toutes les fatigues et toutes les prouesses; mais d'après sa nature intime elle ne peut garder seule le terrain qu'elle a conquis; elle ne peut se reposer la nuit que sous la protection de l'infanterie, et cela parce qu'elle ne peut se défendre de pied ferme.

Il serait même excessivement dangereux de faire monter à cheval dans le cas d'une alerte de nuit, parce qu'il suffirait d'un seul cavalier pour provoquer une panique au galop de charge que rien au monde ne pourrait arrêter; et l'on s'exposerait à voir la cavalerie qui aurait donné les plus grandes preuves de valeur se déshonorer dans un instant de la manière la plus honteuse.

Les Cosaques, qui faisaient l'admiration du général Morand, brillaient bien plus par notre faiblesse que par leur force intrinsèque; car l'armée de 1813 et celle de 1814 étaient presque entièrement composées d'enfants n'ayant pas la force de supporter les fatigues et les privations; leur moral s'en ressentait, et la moindre apparition les troublait, les empêchait de prendre du repos et de préparer leur nourriture; il a fallu tout le génie et l'ascendant de Napoléon Ier pour pouvoir utiliser comme il l'a fait de pareils éléments.

Un intendant qui avait débuté dans la carrière militaire, en 1813, comme sous-lieutenant de dragons, me racontait qu'un jour ayant vu toute une division de cuirassiers sous l'impression d'une espèce de terreur panique, il avait voulu se rendre compte de ce qui la motivait, et il vit que ces cuirassiers étaient poursuivis par quelques groupes de Cosaques irréguliers; comme il en exprimait plus tard son étonnement au général X...., qui commandait cette division, ce général lui répondit : « Voyez-vous, mon jeune ami, aujourd'hui il n'y a plus « de cuirassiers; il n'y a plus que cuirasses par devant,

« cuirasses par derrière et J... F... au milieu », et c'étaient ces mêmes cuirassiers qui, deux ans plus tard, conduits par l'héroïque Ney, se couvraient d'une gloire immortelle à Waterloo. Mais devant des troupes faites, calmes et sûres d'elles-mêmes, ces Cosaques tant vantés n'eussent produit aucune impression.

N'avons-nous pas vu en Afrique toutes ces terreurs paniques qu'inspiraient les Arabes, disparaître comme par enchantement, le jour où le maréchal Bugeaud, avec son grand caractère, eut donné à ses troupes l'aplomb et le sang-froid qui constituent le véritable soldat ?

V.

On présente constamment comme un épouvantail les résultats obtenus par le tir de l'infanterie sur des panneaux; cherchons à déterminer quels seront ses effets en campagne; nous ne pouvons le faire qu'approximativement, chaque pays étant intéressé à ne pas publier des chiffres très-exacts sur les effets produits par son armement; mais dans nos calculs nous prendrons les documents les plus avantageux pour l'infanterie.

Un fantassin met en moyenne 18 balles sur 100 à 600 mètres, dans un panneau d'un mètre de largeur sur deux mètres de hauteur; à bout portant, il les met toutes; de plus le tir a été réglé à six coups par minute.

Supposons 100 cavaliers chargeant contre 100 fantassins, les cavaliers mettront deux minutes et dix secondes pour parcourir 600 mètres au trot et au galop de charge, ils recevront donc avant d'arriver sur l'infanterie 1,300 coups de fusil, sur lesquels $\left(\frac{18+100}{2}\right)13$ ou 767 devraient porter; mais le cavalier, penché sur son cheval, couvert par la tête et l'encolure de son cheval, est loin de représenter la surface de la cible. Un cheval de 1m60 et un cavalier de 1m70 présentent une surface vulnérable de 0m 4997 centimètres carrés, c'est-à-dire égale au quart de la surface de la cible ; il n'y aurait donc plus que 767/4 ou 192 balles efficaces, en supposant le tir exécuté comme sur un terrain de manœuvres.

Mais en campagne il sera exécuté par des soldats exercés, *mêlés aux soldats inhabiles de la réserve* ; de plus, sur le terrain de manœuvres le fantassin tire sur un terrain régulier, à une distance connue, avec un sac à peine chargé, n'étant pas fatigué par la marche et les privations, n'étant pas gêné par la fumée et n'ayant pas l'émotion fébrile du combat. Il est facile de se rendre compte, à peu près, de l'influence que ces diverses circonstances exerceront sur la justesse du tir.

Avec le fusil qu'avait l'armée française lors de la campagne d'Italie, on mettait 8 balles sur 100 dans la cible à 600 mètres et 100 à bout portant ; la justesse moyenne était donc de $\frac{8+100}{2}$ ou 54 balles efficaces sur 100 ; or, à Solférino on a tiré plus d'un million de cartouches, il y aurait donc dû avoir 540,000 balles efficaces, si le tir avait eu la même précision que sur le terrain de manœuvres ; cependant les Autrichiens n'ont eu que 13,000 hommes hors de combat, sur lesquels 3,000 peuvent être attribués aux feux de l'artillerie ; il n'y a donc eu que 10,000 balles qui ont porté au lieu de 540,000, c'est-à-dire que le résultat du tir en campagne est le

54e de celui obtenu sur le terrain de manœuvres.

Les 100 cavaliers chargeant sur les 100 fantassins ne recevront donc que 192/54 ou 3 balles 1/2 avant d'arriver sur l'ennemi, ou bien 14, en supposant que la rapidité d'allure dans les terrains en campagne soit le quart de celle que l'on obtient sur les champs de manœuvres.

A toutes les époques, quelle est la tête de colonne d'infanterie qui ait réussi dans une attaque à la baïonnette à moins de perdre 14 hommes sur 100? pour des cuirassiers, la perte serait encore moins considérable.

La vitesse de l'infanterie dans la charge étant au plus égale au quart de la vitesse de la cavalerie, elle perdrait actuellement, dans une attaque à la baïonnette, 14 hommes × 4 ou 56 hommes sur 100; c'est ce qui lui rend aujourd'hui cette attaque presque impossible.

Le rapport du tir en campagne au tir sur le terrain de manœuvres paraît incroyable au premier abord, et cependant les faits sont là pour le prouver.

Dans les batailles du premier Empire, il n'y avait pas un écart aussi grand entre les deux tirs, et les pertes des belligérants étaient beaucoup plus considérables quoique l'armement employé fût bien inférieur à celui avec lequel a été faite la campagne d'Italie.

C'est que les pertes réciproques de deux armées, en possession du même armement, ne sont pas toujours une conséquence de la perfection de cet armement; elles proviennent surtout de la ténacité avec laquelle les positions sont attaquées et défendues; elles sont en rapport avec l'élévation morale que les habitudes militaires, la pratique du danger, le génie national, etc., etc., produisent dans les armées belligérantes; ainsi à Eylau il fallut sacrifier 30,000 hommes hors de combat, sur 70,000, pour obliger les Russes à abandonner leurs positions.

Les hommes pris isolément sont aussi braves dans un pays que dans l'autre ; mais l'expérience a démontré que, pris ensemble, ils ne se battent pas de la même manière, même quand ils ont des institutions militaires à peu près analogues; les uns sont plus aptes que les autres à l'attaque ou à la défense ; les uns ont plus de ténacité et les autres plus d'entrain; ainsi, dans les guerres du premier Empire, ce sont les Anglais et les Russes qui nous ont toujours opposé la plus grande ténacité de résistance.

Cette ténacité était telle à la Moskowa, que les Russes, après avoir perdu la bataille, ne purent être entamés, ni par la cavalerie ni par l'infanterie; il fallut se contenter de les battre en brèche, comme des murailles, à coups de canon.

VI.

D'après les considérations qui précèdent, on voit que la cavalerie est appelée à rendre des services plus continus et plus immédiats depuis la découverte du fusil à tir rapide ; mais pour qu'il en soit ainsi, il faut qu'elle soit employée en masses assez considérables pour faire des efforts sérieux, pour avoir des réserves qui lui permettent de continuer ses efforts, et qui la mettent à même de ne pas être compromise au moment de l'action ainsi qu'au moment du succès.

D'un autre côté, il est indispensable, pour les divisions d'infanterie, d'avoir une certaine troupe de cavalerie pour les escortes des généraux, pour le service de correspondance, pour fournir quelques vedettes et pour les reconnaissances à petites distances, qu'une troupe en campagne est toujours obligée de faire, afin d'assurer sa sécurité *du moment ;* un escadron par division suffirait complétement à ces exigences, et l'on pourrait affecter à ce service le cinquième escadron de chacun des vingt régiments de cavalerie légère (1).

Les corps d'armée auraient une réserve d'une division mixte de cavalerie composée d'un régiment de cuiras-

---

(1) Le sixième étant escadron de dépôt.

siers, de trois régiments de cavalerie légère ou de ligne et d'une batterie d'artillerie à cheval. Cette réserve, constamment sous la main du commandant du corps d'armée, aurait pour mission : 1° de former l'avant-garde du corps d'armée et d'éclairer sa marche ; 2° de faire les grandes reconnaissances ; 3° de faire avec son artillerie, qui, dans certains cas, pourrait être augmentée, des mouvements tournants ; 4° de former dans des cas imprévus, comme à Essling, à Eylau, etc., etc., à Solférino, une partie de la ligne de bataille ; 5° de faire des démonstrations qui souvent pourront arrêter l'ennemi et même quelquefois changer une retraite en déroute ; 6° de former le *coin* d'attaque de l'infanterie sur le point de la ligne ennemie, sur lequel le commandant du corps d'armée aura résolu de faire un effort ; 7° d'accélérer la désorganisation de l'ennemi en retraite par une poursuite à outrance.

Une armée aurait pour réserve un corps de cavalerie, de deux ou plusieurs divisions mixtes, qui remplirait par rapport à l'armée entière le même rôle que la division de cavalerie pour le corps d'armée.

Quelques militaires excessivement autorisés ont proposé d'attacher un régiment de cavalerie à chaque division d'infanterie et de réduire à un seul régiment la réserve d'un corps d'armée.

Cette organisation présente plusieurs inconvénients dont voici les principaux : 1° elle détruit la position de commandement des grades supérieurs de la cavalerie et par *suite fait disparaître l'émulation et le désir de bien faire qu'il est si nécessaire d'entretenir dans tous les échelons de la hiérarchie militaire.*

2° Elle ne permet pas d'avoir des réserves suffisantes pour poursuivre un premier succès et pour se garantir d'une surprise, ce qui *diminuera l'audace dans l'attaque, qui est presque toute la force de la cavalerie.* Avec un seul régiment on ne pourra faire que des demi-efforts qui pourront aussi avoir certains résultats, mais un seul escadron par division est suffisant pour cela. C'est avec un seul escadron des chasseurs de la garde que le général Cassaignoles a chargé la colonne autrichienne qui débouchait sur l'infanterie de la garde à Magenta, et par cette charge il donna le temps à l'infanterie de la garde de prendre ses dispositions de combat.

3° Elle ne permettra pas de faire de grandes diversions avec de l'artillerie, à laquelle elle ne donnerait pas une protection suffisante pour la rendre hardie sans la compromettre.

4° Elle encombrera, au préjudice de la cavalerie et au grand préjudice de l'infanterie, les colonnes de marche; car étant encadrée avec l'infanterie, la cavalerie sera obligée de suivre son pas, elle blessera ses chevaux et perdra leur allure en les accablant de fatigues; la poussière qu'elle fera la fera maudire de l'infanterie, pour laquelle elle *sera une cause permanente de supplice.*

Les promoteurs de cette dissémination de la cavalerie dans les divisions d'infanterie pensent que l'on pourra remédier aux inconvénients signalés en réunissant, momentanément et suivant les besoins, tout ou partie des régiments ainsi disséminés.

Mais les ordres ne se communiquent pas et ne s'exécutent pas pendant les péripéties du combat comme sur un terrain de manœuvres; tout en ayant le désir d'obéir aux ordres de l'autorité, chacun est un peu pour son compte dans l'action, avec sa grande part de responsabilité; souvent même un divisionnaire d'infanterie, qui ne sera pas sous les yeux du commandant de corps d'armée, se trouvera engagé de manière à ne pouvoir pas se dégarnir de toute ou partie de sa cavalerie; de sorte que ces réunions momentanées de plusieurs régiments de cavalerie seront quelquefois *impossibles, toujours longues et difficiles*, ce qui ne s'accorde pas avec les nécessités de la cavalerie, qui est l'arme du moment.

En supposant même que l'on pût effectuer à temps cette réunion, on aurait une troupe dont les divers éléments de commandement et de camaraderie n'auraient aucune espèce de cohésion; le général n'aurait pas eu avec les chefs de corps les contacts qui développent une confiance réciproque, les régiments ne se connaîtraient pas entre eux *et une troupe ainsi constituée ne sera jamais susceptible de faire de grands efforts*.

CONCLUSION

La France possède actuellement 63 régiments de cavalerie ayant chacun en moyenne 700 chevaux, ce qui fait un effectif de 44,100 chevaux.

Pour entretenir la cavalerie à cet effectif, il faut acheter 6,000 chevaux par an, dont le prix de revient est de 5,100,000 francs.

Ces chevaux coûtent 24,000,000 francs à loger et à nourrir.

Pour monter ces chevaux et s'en servir, il faut environ 60,000 cavaliers dont le logement, la nourriture et l'habillement reviennent à 21,600,000 francs environ.

L'entretien de la cavalerie actuelle revient donc à peu près à 50,700,000 francs et à 60,000,000 en tenant compte de la solde des cadres qu'elle comporte.

Si l'on veut se servir de la cavalerie avec énergie et d'une manière judicieuse, cette grosse dépense sera amplement compensée par les services que l'on en retirera.

Si, au contraire, on doit laisser cette arme dans l'état de défaveur actuel, qui jette le découragement dans tous les grades, il sera beaucoup plus rationnel de dégrever le budget d'une grosse partie de cette somme et de réduire la cavalerie au tiers de son effectif actuel, en ne conservant que les régiments de cavalerie légère.

Ils seront bien amplement suffisants pour rendre les services qu'on paraît vouloir lui demander.

FIN.

65

BIBLIOTHEQUE NATIONALE DE FRANCE
3 7511 00601779 5

www.ingramcontent.com/pod-product-compliance
Ingram Content Group UK Ltd.
Pitfield, Milton Keynes, MK11 3LW, UK
UKHW021136230726
13926UKWH00002B/826